colección **saber.es**
LECTURAS GRADUADAS

El Fútbol Club Barcelona
¡Barça, Barça, Baaarça!!!

Mercè Pujol Vila

Español Lengua Extranjera

SGEL

A la memoria de mi abuelo Joan Vila Sala,
socio barcelonista de quien, por primera vez,
oí hablar de la grandeza de Johan Cruyff.

Agradezco a mi hermano Guillem
las notas y comentarios facilitados
para la redacción de la obra.

colección saber.es

LECTURAS GRADUADAS

Primera edición, 2010

Produce: SGEL – Educación
Avda. Valdelaparra, 29
28108 Alcobendas (MADRID)

© Mercè Pujol Vila

© Sociedad General Española de Librería, S. A., 2010
Avda. Valdelaparra, 29, 28108 Alcobendas (MADRID)

Diseño gráfico: Alexandre Lourdel
Maquetación: Alexandre Lourdel
Fotografías: Cordon Press, David Egea, FC Barcelona,
Fototeca.cat (págs. 8, 12, 14, 21), Shutterstock.

ISBN: 978-84-9778-502-0
Depósito legal: M-15797-2010
Printed in Spain – Impreso en España
Impresión: Orymu, S.A.

Índice

Test del Fútbol Club Barcelona

¿ Quieres comprobar cuánto sabes del FC Barcelona y hasta dónde necesitas leer las páginas siguientes? Atrévete…

[1] **Fundador:** Persona que crea una asociación, sociedad, empresa…

[2] **Patrón:** Santo/a o Virgen que protege una ciudad y a la que la población adora en especial. El día de su celebración es un día festivo en esa población.

[3] **Leyenda:** Persona convertida en ídolo.

1 **¿Cuándo juega por primera vez el FC Barcelona contra el Real Madrid CF?**
   a) En 1890.
   b) En 1902.
   c) En 1924.

2 **¿Quién es Joan Gamper?**
   a) El primer entrenador del club.
   b) El primer extranjero que jugó en el equipo.
   c) El fundador[1] del club.

3 **¿Por qué se cree que el FC Barcelona usa los colores azul y grana?**
   a) Porque son los colores de la bandera catalana.
   b) Porque son los colores del FC Basilea, equipo que imitó.
   c) Porque representan el agua y el fuego en culturas mediterráneas.

4 **¿Cómo se llama el actual estadio del FC Barcelona?**
   a) Camp Nou.
   b) Camp Barça.
   c) Camp Gran.

5 **¿En qué día del 1957 se inaugura el actual estadio?**
   a) 23 de abril, día de Sant Jordi, patrón[2] de Cataluña.
   b) 11 de septiembre, día de la Diada, fiesta nacional de Cataluña.
   c) 24 de septiembre, día de la Mercè, patrona de Barcelona.

6 **¿Qué jugador de leyenda[3] jugó en el FC Barcelona?**
   a) Pelé.
   b) Maradona.
   c) Di Stéfano.

7 **¿Qué jugador del FC Barcelona es entrenador del gran equipo de los años noventa?**
   a) Johan Cruyff.
   b) Ronald Koeman.
   c) Josep Guardiola.

8 **¿Qué es «La Masía»?**
   a) Un restaurante donde suelen comer los jugadores.
   b) Un centro de entrenamiento de jóvenes jugadores.
   c) Un lugar de reunión de directivos del club.

4

9 ¿Qué iniciales lleva el escudo del Barça?

a) FCB.
b) BFC.
c) CFB.

10 ¿Cuántas Copas de Europa ha conseguido el equipo de fútbol del Barça?

a) Dos; la de 1992 y la de 2009.
b) Tres; 1992, 2006 y 2009.
c) Cuatro; 1992, 1999, 2006 y 2009.

11 ¿En qué lugar de Barcelona celebran los triunfos⁴ los seguidores?

a) En el Puerto Olímpico, al lado del mar.
b) En el Tibidabo, en lo alto de la montaña.
c) En la Fuente de Canaletas, en las Ramblas.

12 ¿A qué organización apoya el club y lo muestra⁵ en sus camisetas?

a) Cruz roja.
b) Unicef.
c) Unesco.

⁴ Triunfo: Victoria, hecho de ganar una competición o conseguir un éxito.

⁵ Mostrar: Enseñar algo, hacer ver.

SOLUCIÓN:

1. ▶ b; 2. ▶ c; 3. ▶ b; 4. ▶ a; 5. ▶ c; 6. ▶ b;
7. ▶ a; 8. ▶ b; 9. ▶ a; 10. ▶ b; 11. ▶ c; 12. ▶ b

TUS ACIERTOS Y SU SIGNIFICADO

10 o más respuestas: eres un *crack*, enhorabuena, aunque tampoco eran preguntas tan difíciles para un seguidor del Barça como tú… Seguro que hay información curiosa en este libro que te encantará descubrir.

Entre 5 y 9 respuestas: no está mal, te puedes defender en más de una conversación sobre el club, pero si quieres impresionar⁶ con tus conocimientos, lee las siguientes páginas con atención.

Entre 1 y 4 respuestas: umm, con un poco de lectura puedes mejorar mucho las cosas, se nota que te gusta el tema, pero no te quedes en lo superficial. Esta obra te ayudará a mejorar tu nivel de conocimientos y te distraerá.

1 o ninguna respuesta: uy, uy, uy, la cosa va mal… debes cultivar⁷ tu afición y tu saber sobre el FC Barcelona porque hay grandes misterios que no conoces. ¡Empieza la lectura!

⁶ Impresionar: Causar admiración y sorpresa.

⁷ Cultivar: Desarrollar, mejorar un conocimiento.

Los primeros cincuenta

Historia del FC Barcelona 1899-1949

El **Fútbol Club Barcelona** es el club de fútbol más importante del mundo según la clasificación de la IFFHS (International Federation of Football History and Statistics) de 2009. Es uno de los tres equipos –junto al Milan AC y al Manchester United FC- que más veces ha sido primero en esta clasificación mundial de clubes. La información actualizada de este año se encuentra en la web: www.iffhs.de.

La historia del FC Barcelona está llena de grandes éxitos deportivos (también de algunas derrotas)[1] y de jugadores casi siempre excepcionales. Su lema «más que un club» (en catalán, *més que un club*) tiene un sentido muy amplio que explica el carácter deportivo y social de este club y su proyección en el mundo entero.

Este club de fútbol nace el 29 de noviembre de **1899**, en un gimnasio de la ciudad de Barcelona, cuando doce jóvenes aficionados al fútbol crean el *Football Club Barcelona (FCB)*.

[1] **Derrota**: Situación en la que un equipo pierde en una competición deportiva.

El nombre del club se pone en inglés, por eso el orden actual de las palabras Fútbol Club Barcelona (FCB), como el original , no coincide con el orden gramatical en catalán o en español (Club de Fútbol Barcelona CFB o, en todo caso, Barcelona Club de Fútbol BCF).

El fundador del proyecto es un comerciante suizo llamado **Hans Gamper** (1877-1930). Llega a Barcelona con 20 años y con el tiempo es **Joan Gamper**. Joan es el equivalente en catalán de su nombre alemán Hans, que él utiliza cuando llega a la ciudad y se integra[2] en la cultura catalana.

Gamper es un gran deportista y una persona con capacidad de dirección. Por medio de un anuncio en un periódico, contacta con extranjeros y catalanes que juegan un deporte nacido en Reino Unido en 1863 (¡el *foot-ball*!). Con ellos forma un equipo que se enfrenta al de la colonia inglesa de la ciudad el 8 de diciembre de **1899, primer partido oficial del club** en el que los británicos ganan por 0-1.

2 Integrar: Hacer que una persona forme parte de un grupo y se sienta parte de él.

■ Foto de estudio del FC Barcelona de 1906. De pie, a la izquierda, Joan Gamper.

Es un primer equipo en el que Walter Wild es el presidente y Joan Gamper el capitán del equipo. Los jugadores, desde su primer partido, visten una camiseta de manga larga, mitad azul, mitad roja, y unos pantalones blancos: el primer equipo del club, con unos colores que los jugadores van a utilizar para siempre.

Aparecen en todo el territorio español muchos equipos que más tarde compiten[3] en los primeros trofeos; como la **Copa Cataluña**, la **Copa Pirineos** y el Campeonato de España, también llamado **Copa del Rey**.

[3] **Competir:** Enfrentarse, luchar por algo.

Uno de los equipos que aparece en Barcelona, en 1900, es la **Sociedad Española de Football**, el actual Real Club Deportivo Español. Toma este nombre para remarcar[4] el origen nacional de sus jugadores frente a los del FC Barcelona, donde hay extranjeros.

[4] **Remarcar:** Hacer ver algo, destacar.

En la primera edición del Campeonato de España, con motivo de la coronación del rey Alfonso XIII, el 13 de mayo de **1902**, el FC Barcelona se enfrenta por primera vez con el **Madrid Foot Ball Club**, lo que hoy es el Real Madrid CF, fundado también en 1900. Vence el FC Barcelona por 1-3 y la afición recibe a los jugadores a su llegada a la ciudad como auténticos héroes. A veces parece que nada ha cambiado en los últimos 100 años…

En 1904, el FC Barcelona juega su primer partido en el extranjero, en Francia, donde vence al Stade Olympique por 2-5. Al año siguiente, el FC Barcelona gana el Campeonato de Cataluña en el partido contra el RCD Español, al que gana por 3-2. Pero también ese mismo año el Athletic Club de Bilbao golea[5] al FC Barcelona con un 10-1. Empieza una época de crisis en el fútbol catalán que dura hasta 1910. En 1908 el club tiene 38 socios; en ese momento, Gamper decide dirigir el club por primera vez para evitar su desaparición.

[5] **Golear:** Marcar muchos goles al equipo contrario.

En 1910 el club gana el Campeonato de Cataluña y el de España con muy pocos jugadores extranjeros, aunque el máximo goleador[6] de la temporada es el inglés Patullo (¡41 goles en 20 partidos!).

En 1911, después de renovar el equipo, gana otra vez el Campeonato de España, pero pierde el Campeonato de Cataluña frente al RCD Español.

En la década de 1910 a 1920, el club consigue un reconocimiento social y deportivo cada vez mayor. Es una de las asociaciones más grandes de Cataluña, con cerca de 3000 socios, y participa con éxito en los principales torneos existentes.

Aunque también hay derrotas impresionantes, como la de la temporada 1913-14, en tres partidos contra el Notts County, equipo profesional inglés invitado por la directiva del FC Barcelona. Primer partido: 0-2; segundo: 0-4 y tercero: 3-0 en los primeros cinco minutos, para terminar con un clarísimo 3-10 de los ingleses.

Pero en los años siguientes, de 1914 a 1916, Paulino Alcántara da continuas alegrías al equipo al ser un buen goleador. En la temporada 1915-16, consigue para su equipo el Campeonato de Cataluña. Sin embargo, en el Campeonato de España, el FC Barcelona, en la final, se retira del juego por considerar que el árbitro favorece al Real Madrid, un equipo que tiene entre sus jugadores al mítico[7] Santiago Bernabéu.

De 1911 a 1928, Santiago Bernabéu fue jugador del Real Madrid y posteriormente, de 1943 a 1978, fue presidente del mismo club. El estadio del Real Madrid lleva el nombre en su honor.

En 1917 el club decide tener a un entrenador especializado, que hasta entonces era el capitán del equipo. Con esa nueva figura, el equipo consigue muy buenos resultados.

[6] Goleador: Jugador que mete gol, en especial que mete muchos goles.

[7] Mítico: Que es muy famoso (como un mito) y ha pasado a formar parte de la historia.

En esa época, se crea la sección de atletismo. Es la primera muestra del interés por apoyar otros deportes que siempre ha caracterizado al FC Barcelona.

Son años en los que Joan Gamper es cinco veces presidente en diferentes etapas. En ocasiones es para solucionar problemas internos del club. Otras veces, para relanzar[8] el club, como en su última presidencia (1924-1925), cuando el FC Barcelona celebra sus veinticinco años de fundación y llega a los 12 000 socios.

Durante toda la década de los años veinte, los seguidores ven un juego muy dinámico y a unos jugadores muy buenos. El fútbol es un espectáculo seguido cada vez por más personas. El campo de fútbol donde juega el FC Bar-

■ Recreación del despacho de Joan Gamper en su época de presidente del club (Museo del FC Barcelona).

[8] **Relanzar:** Volver a lanzar o dar de nuevo importancia a algo que ya existe.

celona, en la calle Industria, queda pequeño para tantos espectadores que quieren animar a su equipo.

🔊2 El equipo cuenta con grandes figuras: Alcántara, Sagi, Sancho, Piera y el sobresaliente portero Zamora, que en diferentes temporadas juega con el RCD Español, el FC Barcelona y el Real Madrid CF, además de ser jugador de la selección española.

En 1920 y 1921 el FC Barcelona consigue el Campeonato de Cataluña y el de España sin perder ningún partido, ganando en una de las finales al Athletic Club de Bilbao con un 2-0.

El 20 de mayo de 1922, el club estrena su primer gran estadio, Les Corts, con capacidad inicial para 20 000 espectadores (¡aunque todavía sin césped![9]) y que en ampliaciones posteriores llega hasta los 60 000 espectadores.

[9] **Césped**: Terreno de juego de hierba, de hojas de color verde finas y cortas.

■ El estadio de Les Corts en un día de partido. La afición llena las gradas.

El nombre del campo se debe al nombre del barrio de la ciudad donde estaba situado, el barrio de Les Corts.

En el nuevo estadio, el club vive años muy buenos hasta 1929 y el FC Barcelona representa a la ciudad y a Cataluña. Gana siete Campeonatos de Cataluña, cuatro Campeonatos de España y una Liga en la temporada 1928-29. Juegan Alcántara, Samitier, Piera y el nuevo e inigualable portero húngaro Franz Platko.

El 14 de junio de 1925, durante la **dictadura de Primo de Rivera** (régimen político que hubo en España entre 1923 y 1930 tras un golpe de estado), antes del inicio de un partido, la afición barcelonista responde al himno español con fuertes pitidos[10] y abucheos.[11] La consecuencia es que las autoridades[12] cierran el estadio de Les Corts por seis meses y Joan Gamper, presidente del FC Barcelona, debe dejar el club para siempre y abandona el territorio español.

Esa reacción del público es la primera manifestación o muestra del carácter nacionalista[13] que en el futuro acompaña al club. El pueblo catalán sustituye durante años los símbolos nacionales catalanes, prohibidos por el régimen político, por los del FC Barcelona: la *senyera* (bandera catalana) por los colores *blaugrana* (azul y grana). Animar al equipo es para muchos una defensa de la identidad[14] catalana.

En aquella temporada, el FC Barcelona gana de nuevo los dos grandes campeonatos del momento, el de Cataluña y el de España, éste último contra el Club Atlético de Madrid en una final de infarto[15] por estar empatados[16] casi todo el partido.

El 24 de septiembre de 1926, el estadio de Les Corts estrena césped en un partido contra el Wiener AC, en el que gana el FC Barcelona por 4-2. El nuevo césped trae suerte y algunos éxitos más.

En 1928, gana el Campeonato de España con tres partidos contra la Real Sociedad pero Platko sufre una grave lesión[17]. Al año siguiente, el club repite éxito en **la primera edición del Campeonato de Liga**. Muy buenos años y muchas esperanzas.

[10] **Pitido:** Sonido producido por un pito o un silbido hecho con los labios.

[11] **Abucheo:** Ruido de protesta o desagrado en un lugar público.

[12] **Autoridad:** Persona o institución que manda o gobierna a otras.

[13] **Nacionalista:** Que defiende el derecho a una nación o a un estatuto político propios.

[14] **Identidad:** Conjunto de características socio-culturales de un grupo.

[15] **De infarto:** Que es muy emocionante y mantiene a la gente en tensión.

[16] **Empatar:** Tener el mismo número de puntos o goles que el equipo contrario.

[17] **Lesión:** Herida o daño que sufre una persona.

■ Alineación del FC Barcelona en la final del Campeonato de España de 1928 contra la Real Sociedad.

En 1930, nacen las secciones de hockey hierba, baloncesto y rugby del FC Barcelona.

Mientras, Gamper está una temporada en Suiza, luego vuelve a Barcelona y pasa por dificultades económicas relacionadas con la caída de la Bolsa de Nueva York de 1929. El 30 de julio de 1930, arruinado y deprimido, se quita la vida. Al entierro de Gamper van cientos de personas y toda la ciudad muestra gran tristeza por su pérdida.

La junta directiva del FC Barcelona ha decidido conservar para siempre el carné de socio número 1 con el nombre de Joan Gamper.

Esa temporada, 1930-31, el club sufre la peor derrota de toda su historia en un partido oficial al perder en el campo del Athletic Club de Bilbao por 12-1. Por entonces, el Athletic de Bilbao es uno de los equipos más fuertes y resulta muy difícil ganar a ese campeón en los torneos.

Los años siguientes son los de la **Segunda República Española** (desde 1931, con la salida de España del rey Alfonso XIII, hasta 1939, fecha de finalización de la Guerra

Civil española iniciada en 1936). En esos años, por razones políticas que afectan[18] a los resultados deportivos, baja el número de socios hasta 2500. El FC Barcelona entra en una grave crisis que dura hasta los años cuarenta.

[18] Afectar: Causar daño o un efecto negativo.

En 1933, Josep Samitier ficha por el Real Madrid CF por un par de temporadas. Aunque en 1944 regresa al FC Barcelona como entrenador, inicialmente los seguidores lo ven como el primer jugador «traidor»[19] por salir del FC Barcelona y entrar en el equipo rival, el Real Madrid CF. Eso ha ocurrido con otros jugadores en la historia del club, a los que los seguidores no han perdonado casi nunca, excepto a Samitier y a algún otro jugador, ese cambio al equipo blanco.[20]

[19] Traidor: Que no cumple su palabra o no guarda fidelidad.

El último caso de jugador que «traiciona» a la afición es el del portugués Luís Figo que juega en el FC Barcelona de 1995 a 2000 y desde ese año hasta 2005 en el Real Madrid, algo que los seguidores nunca aceptan.

[20] Blanco: Del Real Madrid CF porque el equipo es de color blanco.

La **Guerra Civil española** empieza el 18 de julio de 1936 y el FC Barcelona sufre graves consecuencias. A principios de agosto de 1936, las tropas franquistas cogen y fusilan,[21] cerca de Madrid, al presidente del club **Josep Sunyol**, político de Esquerra Republicana de Catalunya. Dos años después, el 16 de marzo de 1938, una bomba destruye el local social del club, con trofeos, documentos y recuerdos de casi cuarenta años de historia del club.

[21] Fusilar: Matar a alguien con un fusil o arma de un disparo.

Debido a la situación política de España por la guerra, y en especial de Cataluña y del FC Barcelona, en la temporada 1936-37 el club decide hacer una gira por América con sus jugadores. El resultado es que algunos jugadores se quedan en México y otros, al final de la gira, van a Francia para no regresar a España.

Durante la guerra (1936-1939) no hay competiciones oficiales, hasta la temporada 1939-40. Además, el exilio[22]

[22] Exilio: Tiempo en el que una persona vive fuera de su país por razones políticas o económicas.

■ La copa de todos, copa de la memoria para futuras generaciones. En 1963, con los restos de los trofeos de las distintas secciones deportivas que el club ha guardado desde el bombardeo de 1938, hacen «La copa de todos» (*la copa de tots*), recuerdo de los éxitos deportivos conseguidos en sus inicios.

afecta a algunos jugadores, igual que a otras muchas personas.

El 1 de abril de 1939 el general **Francisco Franco** anuncia el fin de la guerra. Comienza la etapa de gobierno de este militar y dictador español que dura hasta su muerte en 1975, con el restablecimiento de la monarquía con Juan Carlos I y de la democracia en España.

Durante los años de gobierno de Franco, la **Copa del Rey** (o Campeonato de España) pasa a denominarse **Copa del Generalísimo**, puesto que siempre es el Jefe de Estado español quien entrega el trofeo al ganador. Desde la temporada 1976-77 y hasta hoy día, nuevamente pasa a llamarse **Copa del Rey** como en su origen.

Tras la guerra, el equipo recupera poco a poco su buena forma y su número de socios. Vuelven al equipo algunos jugadores exiliados y empiezan otros nuevos. En 1941 se llega a los 10000 socios. En 1944 superan la cifra de 20000. Hoy en día cuenta con más de 170000 socios y tiene largas listas de espera; es el club de fútbol europeo con más abonados.

> Otros dos equipos europeos que compiten con el FC Barcelona en mayor número de socios son el Benfica de Lisboa y el Bayern de Múnich.

El club sólo consigue una Copa en 1942. Al año siguiente, en las semifinales de Copa, el FC Barcelona sufre una de sus grandes derrotas con un 11-1 contra el Real Madrid CF. De nuevo se oye la protesta del FC Barcelona contra el árbitro del partido por favorecer al equipo contrario. En cuanto a la Liga, gana el título en 1945, con Samitier como entrenador y con el gran jugador y goleador César, y también gana la Liga en 1948 y 1949, con César y Basora como delanteros.

A finales de los años cuarenta, el régimen franquista[23] permite que los directivos del club (en vez de las autoridades) nombren a su presidente. En 1946 se hace cargo del club **Agustí Montal Galobart**, que es presidente durante seis años.

[23] Régimen franquista: Gobierno del general Franco.

A partir de 1978, y hasta la actualidad, el cargo de presidente del club lo eligen por votación los socios. El FC Barcelona es un club de fútbol profesional que no es sociedad anónima, lo que significa que la propiedad del club es de los socios.

Bajo la presidencia de Montal, el FC Barcelona no sólo gana dos Ligas consecutivas, la de 1948 y la de 1949. Además, en 1949 los campeones de Liga de Francia, Italia, Portugal y España se enfrentan en la primera edición de la **Copa Latina**, lo que más tarde será la actual **Copa de Europa**. El Barcelona es campeón al vencer en la final al Sporting de Lisboa por 2-1. Por último, también se consigue la **Copa Eva Duarte**, actual **Supercopa de España**.

A finales de los años cuarenta, el FC Barcelona sigue aumentando sus secciones deportivas, esta vez con el balonmano y el hockey sobre patines.

Ese año se celebran las bodas de oro del FC Barcelona: ¡sus primeros 50 años de historia!

En la web www.webdelcule.com tienes seis vídeodocumentales de la historia del FC Barcelona. Para este apartado puedes ver el primero, el llamado «Primera parte de la historia» en: http://www.webdelcule.com/1899-96/resu-1899.html

CARRER
DE
JOAN GAMPER
SUISSA 1877-BARCELONA 1930
FUNDADOR DEL F. C. BARCELONA

■ Placa de la calle Joan Gamper. Agustí Montalt consigue el permiso del Ayuntamiento para devolver el nombre del fundador del club a la calle que la ciudad le dedica en 1934 en el barrio de Les Corts.

Alcántara y Samitier
Los felices años 20

[24] **Habilidoso:** Que hace bien una cosa y con facilidad.

[25] **Temperamental:** Que tiene un carácter fuerte, enérgico y vivo.

[26] **Prodigio:** Persona que produce admiración por sus cualidades fuera de lo común.

Desde sus inicios el FC Barcelona incorpora a su equipo a los jugadores más habilidosos[24] y temperamentales[25] del momento. Quizás la primera estrella es **Paulino Alcántara**, máximo goleador de la historia del club de todos los tiempos, que marca 357 goles en 357 partidos. Le llaman «el rompe-redes» porque en un partido España-Francia hace un agujero en la red de la portería con un impresionante disparo con la pierna izquierda. Alcántara es el futbolista más joven en jugar y marcar gol: tres goles en su debut con el equipo azulgrana, con sólo 15 años. Un prodigio[26] de niño y de jugador.

Cifras de	Alcántara	Samitier
Temporadas	1912-1927	1918-1933
Partidos jugados	357	454
Goles marcados	357	326

Otro jugador de la época que también es leyenda es **Josep Samitier**. Es el mejor delantero de entonces y segundo máximo goleador con 326 goles. Con sus saltos en el aire y sus increíbles jugadas siempre deja al público con la boca abierta, por eso le llaman «el hombre langosta» o «el mago».

■ Samitier intenta dar a la pelota con su pie en alto.

[27] **Masa:** Gran cantidad de gente.

[28] **En vivo:** Con la presencia de alguien, estando en el lugar que ocurre algo.

Con jugadores de esa calidad, el fútbol se convierte en un gran espectáculo de masas[27] y el FC Barcelona necesita el campo de Les Corts para todos sus seguidores. El gran público puede ver en vivo[28] las jugadas de los primeros ídolos de su club.

Más que un **club**

Historia del FC Barcelona desde 1950

E n 1950, el FC Barcelona ficha al húngaro **Ladislao Kubala** y alrededor de ese jugador nace un equipo que hace historia. El club consigue cinco copas en la temporada 1951-52: el Campeonato de Liga, la Copa del Generalísimo, la Copa Latina, la Copa Eva Duarte y el Trofeo Martini-Rossi. El equipo se conoce como el equipo de las «**Cinco Copas**». En el equipo titular están el portero Ramallets, Martín, Seguer, Bosch, Biosca, Gonzalvo III, Basora, César, Vila, Manchón y el gran Kubala.

En la temporada 1952-53, Kubala enferma de tuberculosis y sólo juega la última mitad de la Liga, pero es suficiente y el FC Barcelona consigue de nuevo la Liga, la Copa del Generalísimo, la Eva Duarte y el Trofeo Martini-Rossi.

Al año siguiente no se consiguen títulos. Kubala tiene una lesión grave y no puede jugar durante casi cinco meses. Ese mismo año, además, se produce el «caso»[29] Di Stéfano. El FC Barcelona y el Real Madrid CF fichan al mismo jugador de forma irregular y Di Stéfano, un jugador de unas cualidades excepcionales, termina en el equipo rival.

La segunda lesión de Kubala en 1955 de nuevo causa problemas al Barça (como también se conoce al FC Barcelona) para conseguir el título de Liga o de Copa. Sin embargo, los aficionados disfrutan con el juego de su equipo y no se pierden ningún partido.

[29] **Caso**: Suceso, situación o acontecimiento con características muy particulares.

Kubala y Basora
La delantera de las cinco copas

S in duda, el jugador que llega a más corazones azul-grana es el húngaro **Ladislao Kubala**, que tras huir de su país por razones políticas juega un tiempo en el Torino italiano. En una gira amistosa viene a Barcelona y el Barça le ofrece quedarse en la ciudad con toda su familia (que en esos momentos vive en un campo de refugiados en Cinecittá). Kubala deja el equipo italiano y se queda en Barcelona. Eso le salva la vida pues, días después, el Torino, tras una gira por Europa, sufre un trágico accidente de aviación donde mueren todos los jugadores del equipo.

Cifras de	Kubala	Basora
Temporadas	1950-1961	1946-1958
Partidos jugados	345	373
Goles marcados	274	153

Kubala es el líder[30] indiscutible en el campo por su potencia y energía en su juego y en sus disparos a puerta.[31] Está considerado como el mejor jugador que ha vestido la camiseta azulgrana de todos los tiempos, a pesar de las lesiones que sufre por las entradas[32] de los defensas contrarios que no aceptan su superioridad.

Es entrenador del Barça de 1961 a 1963 y entrenador de la selección española de 1969 a 1980, ¡once temporadas! Al morir es enterrado en el cementerio de personajes ilustres de Barcelona con grandes honores.

[30] **Líder:** Persona que es la primera y dirige un grupo.

[31] **Disparo a puerta:** Lanzamiento de la pelota a la portería.

[32] **Entrada:** Ataque de un jugador a otro para quitarle la pelota.

20

El cantautor Joan Manuel Serrat en uno de sus discos, *Material Sensible*, le dedica una canción por ser su gran ídolo del fútbol. ¿Quieres escucharla? Ve a www.jmserrat.com y búscala en las canciones de 1989. ¿Quieres escucharla mientras ves imágenes de Kubala en acción? Entonces entra en www.youtube.com y busca «serrat kubala»; puedes encontrar un par de bonitos vídeos con el nombre de *Kubala*, uno de ellos producido por TV3.

Y junto a Kubala, otro jugador que destaca en el equipo de las «Cinco Copas», junto a César, Moreno y Manchón (la delantera extraordinaria de entonces), es el barcelonés **Estanislau Basora**.

Uno de los mejores extremos de la historia del fútbol que corre y se desmarca[33] a una velocidad increíble. Juega 22 veces con la selección española y participa en la Copa del Mundo de Brasil de 1950 en la que es segundo máximo goleador.

■ Kubala y sus compañeros de equipo. Fila superior, de izquierda a derecha: Andreu, Ramallets, Gonzalvo III, Bosch, Martín, Daucik, Biosca, Seguer, Goicolea. Fila inferior: Basora, César, Vila, Kubala, Manchón, Mur.

[33] **Desmarcarse:** Moverse un jugador para escapar o apartarse de un jugador contrario.

El éxito llega en la temporada 1956-57 con los partidos de Copa, cuando el FC Barcelona golea a todos sus rivales, como al Club Atlético de Madrid con un 8-1, con siete goles de Eulogio Martínez, o al Real Madrid CF con un 6-1, y consigue la **Copa** en la final contra el RCD Español con un 1-0.

El estadio de Les Corts no puede acoger a todos los seguidores del Barça y el club construye un nuevo estadio, el **Camp Nou** (que en catalán significa «campo nuevo»), con capacidad inicial para 90 000 espectadores.

El Camp Nou se inaugura el 24 de septiembre de 1957 con un partido contra el Varsovia polaco, que gana el conjunto[34] azulgrana por 4-2. El primer gol del nuevo estadio lo marca el goleador Eulogio Martínez. En ese partido los seguidores escuchan uno de los himnos oficiales que tuvo el club, en catalán, y donde aparece por primera vez la palabra «Barça», algo muy significativo, pues España sigue bajo el régimen franquista.

[34] **Conjunto:** Equipo deportivo.

■ Imagen actual del Camp Nou.

■ Entrada del primer partido celebrado en el Camp Nou.

Los años sesenta no son muy buenos para el club, aunque defender al Barça y sus colores es más que nunca la forma de defender la identidad de Cataluña.

Fue precisamente en 1968 cuando el entonces presidente del club, Narcís de Carreras, utiliza la expresión «más que un club» para señalar la importancia social y no sólo deportiva que tiene el FC Barcelona en Cataluña y que desde entonces se hace tan popular.

En esa década hay un cambio continuo de entrenadores y pocos éxitos deportivos, aunque en 1961 el FC Barcelona juega por primera vez una final de **Copa de Europa**. Juega contra el Benfica portugués y pierde por 3-2. Ese día, parece que la pelota que chuta[35] el Barça no quiere entrar en la portería porque da cuatro veces en los palos.[36]

En **1966** se celebra por primera vez el **Trofeo Joan Gamper** con un partido contra el Anderlecht belga (2-1). Este Torneo amistoso se celebra en el Camp Nou a finales de agosto y sirve para presentar al público el equipo que va a jugar en la temporada que empieza. Desde 1997 consiste en un solo partido y quien lo gana consigue la copa del Trofeo.

[35] **Chutar**: Golpear el balón con el pie, generalmente a la portería contraria.

[36] **Palo**: Poste vertical de una portería deportiva donde se apoya el larguero o poste horizontal

Equipo	Títulos
FC Barcelona	33
1. FC Colonia	2
Újpest Dózsa SC	1
Borussia Mönchengladbach	1
SC Internacional	1
FC Porto	1
RKV Malinas	1
CD Tenerife	1
Valencia CF	1
Juventus FC	1
Manchester City	1

■ Palmarés Joan Gamper

Los setenta no empiezan mucho mejor. En 1970, en la final de Copa contra el Real Madrid CF, el árbitro del partido, Emilio Carlos Guruceta, señala un penalti contra el FC Barcelona por una falta completamente fuera del área. No sólo se pierde el partido, también tiene que intervenir la policía cuando la afición barcelonista entra en el campo. Durante años, a cualquier árbitro que pita incorrectamente una falta se le llama «Guruceta» como el peor insulto.[37]

En esos años setenta, los grandes rivales del Barça (el Valencia CF, el Club Atlético de Madrid, el RCD Español, el Real Zaragoza, la Real Sociedad de Fútbol y sobre todo el Real Madrid CF) consiguen los trofeos nacionales que el Barça pierde. En las competiciones europeas tampoco tiene mejor suerte. Sin embargo, el número de socios del club aumenta a 80 000. Pero eso se debe a los jugadores de esos años, años dorados[38] para el club por la calidad de juego y el espectáculo que ofrecen los jugadores.

> En 1973 la federación de fútbol permite, después de muchos años, el fichaje de dos jugadores extranjeros por equipo. Los equipos españoles fichan a grandes estrellas del fútbol internacional.

En 1973 llega al FC Barcelona **Johan Cruyff**, que permanece para siempre ligado[39] a la historia del club y a los miles de barcelonistas de todas las épocas.

El jugador holandés, procedente del Ajax de Amsterdam, es capitán del equipo de los años 1973 a 1978 con futbolistas como **Rexach**, **Asensi**, **Neeskens** o **Migueli**. Son jugadores que practican un fútbol novedoso[40] y, aunque no obtienen muchos títulos, ofrecen algunos partidos memorables,[41] como el 0-5 contra el Real Madrid en el estadio Santiago Bernabéu, en 1974.

[37] **Insulto:** Palabra que sirve para ofender, despreciar o humillar a alguien.

[38] **Años dorados:** Años de mayor éxito o gloria.

[39] **Ligado:** Unido con algo o alguien por una relación legal, sentimental o de otro tipo.

[40] **Novedoso:** Nuevo, reciente y original.

[41] **Memorable:** Que se recuerda durante mucho tiempo por su importancia.

■ Alineación de 1974 con Cruyff, Migueli y Rexach.

En 1974 se celebran los **75 años** de vida del FC Barcelona, con diversas actividades deportivas y culturales apoyadas por la sociedad catalana y los miles de socios.

En uno de los actos oficiales de este 75 aniversario es cuando se escucha por primera vez el nuevo himno del Barça que se mantiene hasta hoy día.

En 1977 el FC Barcelona consigue la primera **Copa del Rey** de la actualidad. Gana a la UD Las Palmas por 3-1, con dos goles de Rexach y uno de Asensi. Esa temporada, Cruyff abandona el equipo.

En 1978 llega a la presidencia **Josep Lluís Núñez**, quien dirige el club hasta el año 2000 (¡veintidós años!).

El primer gran triunfo de su presidencia es la **Recopa de Europa** ganada en 1979 en Basilea contra el Düsseldorf alemán (4-3, un gran partido). Cerca de 30 000 barcelonistas siguen a su equipo y convierten la ciudad de Basilea en una fiesta culé (del catalán *culer*, como se conoce a los seguidores del Barça) porque es el primer título europeo que consigue el club desde 1966.

■ Josep Lluís Núñez, presidente del FC Barcelona (1978-2000).

Rexach, Cruyff y Migueli
De leyenda

◀6

Cuando **Carles Rexach** empieza a jugar desde muy joven en la cantera del FC Barcelona no se imagina que su nombre formará un tándem[42] con el de Johan Cruyff durante tantos años: primero como jugador en los setenta y luego como técnico y entrenador del club en los noventa.

Rexach, o «Charly», es un extremo derecho con un regate[43] impresionante y unos tiros de penalti que los porteros difícilmente pueden parar, aunque le toca vivir años de pocos trofeos.

Hay que recordar que, tras la retirada de Kubala en 1961, el club pasa una década gris[44] en cuanto a títulos y jugadores de calidad. Mientras, su eterno enemigo, el Real Madrid CF, se convierte en rey del fútbol español y europeo.

[42] **Tándem:** Unión de dos personas que realizan una misma actividad y unen sus esfuerzos.

[43] **Regate:** Movimiento rápido de un jugador para superar a un contrario sin que éste le quite la pelota.

[44] **Gris:** Que no tiene nada excepcional, que no destaca por nada especial.

Pero en 1973 se ficha a la «perla holandesa» **Johan Cruyff** y ese año se gana la Liga. ¿Qué se puede decir del juego de este genio del balón que no sabe ya todo el mundo?

Para los barcelonistas, Cruyff está y sigue estando sólo un escalón por debajo de Dios. Para los demás aficionados, siempre ha sido un número uno. En enero de 1999 es elegido **Mejor Jugador del siglo** xx **en Europa**, además de los tres **Balones de Oro** que consigue en 1971, 1973 y 1974 como mérito a su calidad como jugador.

Cifras de	Rexach	Cruyff	Migueli
Temporadas	1965-1981	1973-1978	1973-1989
Partidos jugados	656	227	664
Goles marcados	197	83	27

Su inteligentísima dirección es una de sus mejores cualidades. Así, en su primera temporada, en el partido Real Madrid – Barcelona, el Barça gana 0-5 con una exhibición magistral[45] de Cruyff.

Aunque algunos también recuerdan las sanciones[46] a Cruyff por su reacción ante árbitros y rivales. Es un futbolista muy hábil e inteligente, pero también con carácter y temperamento.

[45] **Exhibición magistral:** Muestra de perfección y maestría ante el público.

[46] **Sanción:** Castigo que recibe quien no cumple una ley o una norma.

> Johan Cruyff fue el primer capitán de equipo en llevar en el brazo, como brazalete distintivo de capitán, la bandera de Cataluña. Desde entonces, todos los capitanes del Barça la llevan.

Para entender al futbolista, es buen ejemplo el retrato que el escritor Eduardo Galeano (1995) hace de él en *El fútbol a sol y sombra*, Siglo XXI Editores, Madrid, 2006:

Este flaquito eléctrico había entrado al club Ajax cuando era niño (…). Quería jugar y no lo dejaban, por su físico demasiado débil y su carácter demasiado fuerte. Cuando lo dejaron, se quedó. Y siendo un muchacho debutó en la selección holandesa, jugó estupendamente, marcó un gol y desmayó al árbitro de un puñetazo.

Después siguió siendo un calentón, trabajador y talentoso. A lo largo de dos décadas ganó veintidós campeonatos, en Holanda y en España. Se retiró a los treinta y siete años (…).

27

Cruyff es el entrenador azulgrana que consigue la **primera Copa de Europa en 1992**. Por algo es el entrenador del *Dream Team* que da la vuelta al mundo.

Después de no entrenar a ningún equipo profesional durante 14 años, desde 2009 vuelve a ser entrenador, esta vez de la selección de fútbol de Cataluña.

Su web oficial es www.johancruyff.com donde puedes ampliar más información sobre su carrera. También es fundador de la **Fundación Cruyff** que apoya proyectos deportivos para niños con discapacidad. Admira su trabajo y su filosofía sobre el deporte en: www.fundacioncruyff.org.

Compañero de juego de Cruyff es Miguel Bernardo Bianquetti, «**Migueli**». Juega 15 temporadas en el primer equipo, casi siempre como defensa central titular.[47] Es el jugador que más partidos oficiales ha jugado en la historia del club: 664.

De gran fuerza y potencia física, destaca por su total entrega en todos los partidos y por su personalidad y carácter. Es un líder respetado por compañeros y rivales.

El recuerdo más heroico es que juega la final de la **Recopa de Europa de 1979** (en Basilea contra el Fortuna de Düsseldorf, ganado por el FC Barcelona por 4-3) con una clavícula[48] rota desde el inicio del partido, sin que eso afecte su impresionante juego. En 1989 el club le hace un emotivo homenaje por su dedicación.

[47] **Titular:** Que es nombrado para ocupar un puesto, en este caso el de jugador que sale al campo al principio del partido.

[48] **Clavícula:** Hueso situado al lado del cuello.

■ Alineación de la final de la Recopa de Europa de 1979. De pie: Pedro Maria Artola, Joaquin Albaladejo, Johann Neeskens, Rafael Zuviria, Enrique Costas, Migueli; de rodillas: Carlos Rexach, José Vicente Sanchez, Hans Krankl, Juan Manuel Asensi, Jose Francisco Carrasco.

En los ochenta, el FC Barcelona amplía el Camp Nou para la celebración de la **Copa Mundial de Fútbol de 1982** celebrada en España. Se superan los 100 000 socios. El club ficha a jugadores estelares.[49] El FC Barcelona se convierte en la entidad deportiva más importante del mundo por su estadio, su juego, sus selecciones deportivas y su número de socios.

[49] **Estelar**: Que tiene la importancia, categoría o cualidades de una estrella.

En esos años, son importantísimos los éxitos de las secciones de baloncesto, balonmano y hockey sobre patines, que consiguen varios títulos españoles y europeos.

Sobre el campo de juego, los seguidores del Barça pueden disfrutar con el alemán **Bernd Schuster** y más tarde con el argentino **Diego Armando Maradona**, el fichaje más caro de la historia del club hasta entonces, aunque las lesiones que sufren ambos jugadores afectan a los resultados del equipo.

Schuster y Maradona son gravemente lesionados, con dos años de diferencia, por el mismo jugador del Athletic Club de Bilbao, Andoni Goikoetxea. Como han dicho algunos, el futbolista más duro de la historia del fútbol.

Maradona y Schuster
La ilusión

E n 1982 llega al club el que ha sido considerado el **Mejor Jugador Mundial del siglo** xx según la FIFA: el argentino **Diego Armando Maradona**. Su web oficial es www.diegomaradona.com, no te la pierdas.

Jugador delantero con un don[50] natural para llevar y mover el balón pegado a su bota izquierda. Cuando Maradona coge el balón, el público del Camp Nou se pone de pie para disfrutar de las genialidades del argentino.

Sin embargo, la relación de este magnífico jugador con el FC Barcelona está llena de altibajos[51] que causan un gran desencanto en la afición.

A los pocos meses de llegar, sufre una hepatitis y está más de 3 meses apartado de la competición. Cuando vuelve a estar en forma, el 24 de septiembre de 1983, una entrada terrorífica de un defensa del Athletic Club de Bilbao le rompe el tobillo izquierdo, con una recuperación de más de 4 meses. El sueño de ver la magia del argentino en el campo va desapareciendo…

En mayo de 1984, debido a una agresión[52] de Maradona a un jugador del Athletic Club de Bilbao, todos los jugadores se lanzan a la mayor pelea de la historia del fútbol español. El resultado para el argentino es una dura sanción de 3 meses más sin poder jugar. Esto lleva al presidente Josep Lluís Núñez a aceptar una oferta del Nápoles italiano por su estrella, que acaba con su traspaso en junio de 1984. Termina un sueño.

[50] **Don:** Cualidad o habilidad que alguien tiene.

[51] **Altibajo:** Sucesión de acontecimientos positivos y negativos.

[52] **Agresión:** Acción violenta de una persona para causar daño a otra.

■ Maradona

Cifras de	Maradona	Schuster
Temporadas	1982-1984	1980-1988
Partidos jugados	73	295
Goles marcados	45	106

Con Maradona coincide otro gran jugador: el alemán **Bernd Schuster**, jugador centrocampista, es una de las estrellas de los ochenta que juega con el equipo desde 1980 a 1988.

A pesar de su grave lesión en 1981 por una entrada de un rival, se recupera muy bien y sigue mostrando un juego excepcional, sobre todo en los años en que juega junto a Maradona y cuando se gana la Liga 1984-85.

Con una extraordinaria visión de juego, increíbles desmarques y potentes tiros a puerta es uno de los mejores jugadores. Pero en el Barça también destaca por su difícil carácter y sus discusiones con la directiva que, en sus últimos años en el club, lo arrincona[53] y lo deja casi sin jugar. En 1988, Schuster decide fichar por el Real Madrid CF y la afición pierde a otro gran jugador y otra gran ilusión.

[53] **Arrinconar:** Apartar a alguien del puesto que ocupa.

31

◀8 Son años con pocos éxitos deportivos. Los problemas de la directiva con muchos de los jugadores no ayudan a mejorar la situación.

Algunos recuerdos de entonces no son muy buenos, especialmente la final de Copa contra el Athletic Club de Bilbao en la temporada 1983-84. El Barça pierde por 1-0 y al final del partido los jugadores de ambos equipos acaban en una pelea[54] en el campo como no se ha visto nunca otra igual.

[54] Pelea: Lucha, enfrentamiento físico entre dos o más personas.

■ Migueli y Solana (del Real Madrid) saltan en un partido de la temporada 1986/87.

Otros recuerdos son más simpáticos, como la expresión «*Urruti, t'estimo*» (*Urruti, te quiero*) que un periodista de radio, Joaquim Maria Puyal, repite varias veces cuando Urruti, el portero, para un penalti que significa el título de **Liga** de la temporada 1984-85 para el FC Barcelona. Esa expresión se hace muy popular entre los barcelonistas por mucho tiempo.

Y algunos no se superan, como que Schuster en 1988 ficha por el Real Madrid CF…

A finales de los ochenta, se ficha a **Johan Cruyff** como entrenador de la temporada 1988-89 con **Carles Rexach** como segundo entrenador. Se renueva más de la mitad de la plantilla[55] del equipo y se introduce una nueva filosofía futbolística. Cruyff entrena al equipo hasta la temporada 1995-96.

[55] **Plantilla**: Conjunto de jugadores de un equipo deportivo.

Y empieza la década de los noventa, como dicen muchos (o todos) la mejor década de la historia del FC Barcelona, tanto en el fútbol como en el resto de secciones deportivas del club.

¡Llega el *Dream Team*! Un equipo ganador: Zubizarreta, Bakero, Koeman, Laudrup, Stoichkov, Goiko, Amor, Nando, Begiristain, Salinas, Eusebio, Romário, Nadal, Guardiola, Ferrer, Juan Carlos...

Se llamó *Dream Team* (un equipo de ensueño) al equipo de baloncesto de EEUU, el de Michael Jordan, que ganó el oro en los Juegos Olímpicos de Barcelona 92. A continuación, el equipo del FC Barcelona entrenado por Cruyff «hereda» el mismo nombre.

Y con este equipo maravilloso llegan los títulos:

Una Recopa de Europa en 1989

una Copa del Rey en 1990

cuatro Ligas consecutivas entre 1991 y 1994

una Supercopa de Europa en 1993

tres Supercopas de España en 1992, 1993 y 1995 y...

...**la primera Copa de Europa** del club en 1992.

Partidos inolvidables, buenos y malos, del *Dream Team* son:

• La Copa de 1989-90 contra el Real Madrid CF (2-0) con goles de Amor y Salinas.

■ Copa Champions 1992

- El partido de Liga de 1990-91 con un 0-6 contra el Athletic Club de Bilbao con cuatro goles de Stoichkov.

- La semifinal de Copa contra el Club Atlético de Madrid, en el Calderón, donde, además de perder el partido, son expulsados[56] los jugadores del Barça Nando, Ferrer, Koeman e incluso Cruyff.

- La Liga 1991-92 que el Barça gana en la última jornada por la derrota del Real Madrid CF ante el CD Tenerife por 3-2.

- En la temporada siguiente, la repetición de campeón de Liga con la repetición de la derrota CD Tenerife-Real Madrid CF por 2-0 que es decisiva[57] para el Barça.

- Las Supercopas de España frente al Club Atlético de Madrid y de Europa frente al Werden Bremen alemán.

- El cuarto título consecutivo de Liga en 1993-94 con Romário en el equipo (máximo goleador de la Liga con 30 goles): 5-0 ante el Real Madrid CF en el Camp Nou.

- Esa misma temporada, la final en la Copa de Europa que se pierde por un 4-0 ante el AC Milan jugado en Atenas.

- En 1995, otra Supercopa de España frente al Real Zaragoza...

Pero de entre todos ellos, el partido que mejor se recuerda es la final de la **Copa de Europa el 20 de mayo de 1992**. Se celebra en el estadio de Wembley de Londres ante el italiano Sampdoria de Génova y gana el Barça por un gol de Ronald Koeman. Es la primera Copa de Europa para el FC Barcelona.

Sin embargo, a partir de 1995 hay importantes cambios de jugadores en el equipo. Dejan de jugar Zubizarreta, Laudrup, Goiko, Salinas. Más tarde Stoichkov, Koeman..., y aunque entran los extranjeros Prosinecki, Kodro, Popescu o Figo y los jugadores de la cantera[58] Celades, Roger, De la

[56] **Expulsar**: Echar a una persona fuera del campo en un partido por una falta grave.

[57] **Decisivo**: Que determina un resultado, como ganar un trofeo o un título.

[58] **Cantera**: Lugar donde se forman jóvenes jugadores con cualidades para llegar a ser profesionales.

■ Ronald Koeman en la final de la Copa de Europa contra el Sampdoria. En esta ocasión, el equipo juega con la segunda equipación, de color naranja.

Peña y Jordi Cruyff, el equipo ya no es el mismo en ningún sentido.

El juego del FC Barcelona no interesa a los seguidores como antes. En 1996, la directiva decide despedir a Johan Cruyff sin dar explicaciones. Durante los siguientes años, el Barça no puede recuperar su juego, incluso con jugadores excepcionales como los brasileños Ronaldo y Rivaldo. Consigue algunos títulos importantes, sobre todo en la temporada 1996-97, pero con dificultad y a veces perdiendo partidos decisivos.

En 1999 el FC Barcelona celebra su **centenario** (¡van cien años!), temporada en la que el equipo gana la Liga, esta vez entrenados por Louis Van Gaal. Entre diversos actos, se celebra un partido-homenaje a Johan Cruyff y el partido del Centenario del FC Barcelona contra Brasil termina con empate a dos goles.

En la temporada 1999-2000, la UEFA elige al FC Barcelona como **Mejor Equipo de Europa**. En la siguiente, hay un cambio de presidente del club y entra Joan Gaspar. Luis Figo se va al Real Madrid CF y Guardiola deja el equipo.

En 2002-03, se va Rivaldo al AC Milan. En estos años, el Barça no consigue ningún título importante.

Poco a poco, con más de cien años de historia, el FC Barcelona entra en el siglo XXI y de nuevo se renueva por completo. La dirección, en 2003, pasa a **Joan Laporta** y con él hay un cambio muy importante en la gestión y dirección del club. Llegan nuevos títulos y una gran ilusión en el futuro del equipo.

■ Joan Laporta, presidente del club (2003-2010)

En la temporada 2003-04, se incorpora Ronaldinho al equipo, aunque sólo se consigue la Copa Cataluña. Hay que esperar a la temporada siguiente para conseguir la **Liga**. El Barça es entonces el equipo más goleador y menos goleado.

Las temporadas 2005-06 y 2006-07 son más espectaculares. Con el entrenador **Frank Rijkaard** se consiguen dos **Ligas**, dos **Supercopas españolas** y ¡la segunda **Copa de Europa**!

El Barça consigue su **segunda Copa de Europa el 17 de mayo de 2006** en París frente al Arsenal inglés (2-1) con goles de Eto'o y Belletti. Todos los seguidores celebran el triunfo con entusiasmo en París, Barcelona y numerosas ciudades de todo el mundo.

■ Alineación de la final de la Copa de Europa, París, 2006: Valdés; Oleguer (Belletti, m. 71), Puyol, Márquez, Van Bronckhorst, Edmilson (Iniesta, m. 46), Deco, Van Bommel (Larsson, m. 61), Giuly, Ronaldinho y Eto'o.

Ese mismo año, el FC Barcelona, lanza su canal en *youtube*, siendo el primer equipo español de fútbol en hacerlo. Si quieres ver vídeos y más vídeos de partidos, entrevistas, comentarios y demás, visita: http://www.youtube.com/profile?user=fcbarcelona&view=videos

Aunque quizá también puedes ver el canal Barça TV que se emite desde finales de 2008.Toda la información del club actualizada al minuto. Puedes consultar información sobre este canal en: http://www.fcbarcelona.cat/web/castellano/barca_tv/barca_tv.html

Pero si hay una temporada de vértigo[59] en la historia del Barça, sin duda es la temporada 2008-09. ¡La temporada del **triplete** histórico! ¡**Liga, Copa del Rey y tercera Copa de Europa**!

Y si se puede decir que un hombre es uno de los máximos responsables de esos éxitos ese es **Josep Guardiola**, el mismo Guardiola que jugaba en el equipo del *Dream Team* entrenado por Cruyff, también conocido por Pep Guardiola.

[59] **De vértigo:** Que es muy rápido o impresiona por algo especial.

En su primer año como entrenador y contra todo pronóstico[60] (muchos aseguran que es un entrenador demasiado joven e inexperto) el Barça juega su mejor temporada en muchos años.

[60] Pronóstico: Idea de lo que va a pasar a partir de cierta información.

■ Guardiola entrenador.

Consigue ganar la **liga**, con un memorable y celebrado 2-6 frente al Real Madrid CF; la **Copa del Rey**, que significa además la copa número 25 de este torneo para el Barça; y la **tercera Copa de Europa** (también conocida como la *Champions League*) ante el Manchester United, con goles de Eto'o y Messi, **el 27 de mayo de 2009** en el Estadio Olímpico de Roma.

En la liga, además del mencionado 2-6 frente al Real Madrid CF, el FC Barcelona también golea a otros equipos contra los que juega: 1-6 al Real Sporting de Gijón, 6-1 al Club Atlético de Madrid, 6-0 al Real Valladolid CF, 6-0 al Málaga CF, 5-0 al Unión Deportiva Almería, 1-4 al Málaga CF, 0-3 al Sevilla FC, 4-0 al Valencia CF, 5-0 al Real Club Deportivo de la Coruña y otro 4-0 al Sevilla FC.

■ Copa liga 2009.

El Barça se convierte en el primer y, de momento, único equipo español que consigue ganar esos tres campeonatos en la misma temporada, y en el quinto equipo europeo.

Los otros cuatro equipos europeos que han conseguido un triplete son el Manchester United, el Celtic de Glasgow, el PSV Eindhoven y el Ajax de Amsterdam.

■ Carles Puyol, capitán del equipo, levanta la copa de la liga 2008/09.

Para más curiosidades sobre el FC Barcelona puedes consultar la web de un barcelonista: http://www.davidegea.cat/fcbarcelona. Si quieres información sobre las finales de la Copa de Europa de París 2006 entra en http://paris2006.davidegea.com y de Roma 2009 en www.finalroma2009.com.

Y para seguir con la buena racha,[61] el equipo de Guardiola consigue en agosto del mismo año la **Supercopa de España** ante el Athletic Club de Bilbao y la **Supercopa de Europa** ante el ucraniano FC Shakhtar Donetsk.

[61] **Racha**: Época en la que hay más cosas de lo normal que son favorables o desfavorables.

39

Y al final de 2009, **la Copa Mundial de Clubes de la FIFA**, el torneo más importante a nivel de clubes del mundo, el 19 de diciembre de 2009 con un 1-2 frente al Estudiantes de Argentina con goles de Pedro y de Messi en la prórroga.

Un Barça que supera al famoso equipo de las «Cinco Copas» de Kubala, porque consigue los ¡seis títulos! en juego de ese año. Y además la primera vez que consigue el **Mundial de Clubes** para su palmarés.

Dice Josep Guardiola que «el *Dream Team* es irrepetible», pero el actual equipo del Barça tiene una potencia[62] que le puede permitir muchos otros éxitos, como los del equipo de los noventa. Éste equipo de ahora ya es un equipo para la historia.

En este punto, queremos mencionar[63] al resto de **secciones deportivas** del FC Barcelona que han conseguido numerosos trofeos y reconocimiento internacional, porque una de las características del club es su carácter polideportivo.

Además de su sección principal, la de fútbol, actualmente el club tiene otras cuatro secciones profesionales: baloncesto, balonmano, hockey sobre patines y fútbol sala.

También tiene secciones *amateurs* en otras disciplinas deportivas: hockey sobre hierba, atletismo, patinaje, hockey sobre hielo, béisbol, voleibol, rugby y ciclismo.

Por último, es necesario mencionar también a los **seguidores** del club, que nunca defraudan[64] a su equipo. Los barcelonistas siempre apoyan al club dentro y fuera del campo. Todos unidos bajo la expresión: *Visca el Barça!*

Existen más de 1 700 **peñas** barcelonistas repartidas por todo el mundo. Las peñas son una asociación de un grupo de aficionados de un club. Suelen ir a los partidos

[62] **Potencia**: Poder y fuerza para estar por encima de los demás.

[63] **Mencionar**: Nombrar, hablar de una persona o cosa.

[64] **Defraudar**: Decepcionar o desilusionar por no ser algo como se esperaba.

en grupo o se reúnen para verlos juntos en televisión. En España, hay numerosas peñas en Andalucía.

Por otro lado, el **socio**, hoy día cerca de 170000, reconoce con orgullo su condición de socio del Barça. Su carné es algo más que una identificación para entrar al campo. Ser socio es creer en el Barça y en sus valores.

> El FC Barcelona es uno de los cuatro únicos clubes profesionales de España (junto al Real Madrid CF, Athletic Club de Bilbao y el Club Atlético Osasuna) que no es sociedad anónima, lo que significa que la propiedad del club es de los socios.

El FC Barcelona ha mostrado la capacidad de unir con auténtico espíritu deportivo a numerosos aficionados al fútbol de todo el mundo. En esta época de globalidad, el fútbol es quizá el deporte que mejor responde a estos principios y el Barça el ejemplo de club que traspasa fronteras.

■ Jugadores del FC Barcelona de baloncesto en la Euroliga 2008.

Actualmente, el FC Barcelona, aprovechando sus éxitos deportivos y su imagen en el exterior, es un club solidario que colabora con los más necesitados de cualquier parte del planeta con diversas iniciativas[65] a través de su Fundación.

65 Iniciativa: Idea que sirve para empezar algo nuevo y positivo.

Por ello, hoy día, el lema «más que un club» engloba[66] aspectos deportivos, sociales, culturales y humanitarios en todo el mundo. Más que nunca es más que un club.

[66] **Englobar:** Incluir varios elementos en una sola cosa.

■ Gradas del Camp Nou en las que puede leerse (en catalán): Más que un club.

En www.webdelcule.com tienes seis vídeo-documentales de la historia del FC Barcelona. Para este apartado puedes ver del segundo al sexto en: http://www.webdelcule.com/1899-96/resu-1899.html

Koeman, Guardiola y Stoichkov
El «Dream Team»

10

E l holandés **Ronald Koeman** está ligado a la victoria de la primera Copa de Europa del Barça en Wembley 1992, una de las mayores victorias del *Dream Team*. Pero más allá de ese gol que da la victoria al equipo, Koeman es un jugador excepcional.

Juega como defensa y destaca por sus pases[67] precisos, sus buenos lanzamientos de penalti y la velocidad de sus disparos. Además de eso, es uno de los defensas más goleadores de la historia del fútbol, marcando 102 goles en sus seis temporadas en el Barça.

Desde que cuelga las botas,[68] sigue de entrenador para varios equipos, como el Ajax de Amsterdam.

[67] **Pase:** Lanzamiento de la pelota de un jugador a otro.

[68] **Colgar las botas:** abandonar una profesión o actividad, en este caso dejar de ser futbolista.

Cifras de	Koeman	Guardiola	Stoichkov
Temporadas	1989-95	1990-2001	1990-95 y 1996-98
Partidos jugados	345	472	336
Goles marcados	102	10	162

[69] **Canterano:** De la cantera, lugar donde empiezan los jóvenes a entrenarse para un equipo.

Uno de los canteranos[69] que llega más alto es **Josep,** o **Pep, Guardiola**. Centrocampista del *Dream Team* de los noventa, algunos dicen que es la figura de Cruyff en el campo. Posiblemente porque, igual que Cruyff en su época de jugador, tiene una visión del juego y una inteligencia para dirigirlo superior a la de sus compañeros.

Juega también en la selección española y con ella en los Juegos Olímpicos de Barcelona 1992, donde la selección consigue una medalla de oro.

Desde julio de 2008 es el entrenador del FC Barcelona. En la temporada 2008-09 el equipo logra la Copa del Rey, la liga y la Copa de Europa. El mismo año gana también la Supercopa de España, la Supercopa de Europa y el Mundial de Clubes. Todo un récord para un entrenador de 38 años: seis títulos seguidos.

Hristo Stoitchkov (www.cmgww.com/sports/stoitchkov/), nacido en Bulgaria, es uno de los jugadores más queridos por los seguidores del Barça y jugador clave[70] en el *Dream Team*. Tiene una excelente calidad de juego (lo mejor para los rivales es que el balón no llegue a sus pies porque, una vez en su poder, Stoitchkov es imparable) y fuerte temperamento y carácter (en la temporada 1990-91 le sancionan más de media temporada por pisar al árbitro del partido).

Es un jugador que siente y defiende los colores del Barça y la afición lo reconoce y agradece en cualquier ocasión.

Consigue la **Bota de Oro** en 1990 y el **Balón de Oro** en 1995, además de ser elegido **Mejor Jugador del Mundo** según la FIFA también en 1995.

[70] **Clave**: Persona o cosa decisiva, necesaria o importante para algo.

■ El *Dream Team* celebra su triunfo en la Copa de Europa. En la foto, Andoni Goicoechea, Josep Guardiola, Hristo Stoitchkov y Ronald Koeman.

El Barça y **sus símbolos**
Escudo, colores, himno y estadio

El escudo

En sus inicios, el FC Barcelona adopta como **escudo** el de la ciudad de Barcelona, con la cruz de Sant Jordi (San Jorge, patrón de la ciudad) y las cuatro barras[71] rojas sobre dorado (escudo también de Cataluña) con una corona encima. A ese escudo, el FC Barcelona añade una rama de laurel y una de palmera y un murciélago encima de la corona.

Este animal no tiene ningún significado perverso,[72] el murciélago aparece en escudos del reino de Jaume I (que incluye Aragón, Cataluña, Valencia y Mallorca) en el siglo XIII, como símbolo de buena suerte, y todavía se mantiene en algunos escudos actuales como en el de la ciudad de Valencia y en el de su club de fútbol.

En **1910** el FC Barcelona crea un escudo propio. En la mitad superior aparece la cruz de Sant Jordi (como en el de la ciudad) y las cuatro barras rojas sobre oro (representando a Barcelona y Cataluña); en el centro, una franja con las iniciales del club F.C.B. y en la parte inferior, los colores azul y grana con un balón de fútbol en el centro.

El actual escudo es un diseño de Claret Serrahima de 2002. La figura es de líneas más sencillas que los anteriores y sin puntos separando las iniciales del club: FCB.

71 Barra: Línea de un escudo de forma larga y estrecha.

72 Perverso: Que implica algo malo.

■ 1899-1910

■ 1910-1920

■ 1939-1946

■ Escudo actual, desde 2002

El mayor cambio del escudo ocurre durante el régimen franquista. En esa época, las autoridades eliminan cualquier connotación[73] catalanista o extranjera. El escudo pierde dos barras de la bandera catalana (así se parece más a la bandera española) y se cambia el nombre del club, que se llama «Club de Fútbol Barcelona», sin anglicismos, con el cambio de orden de las iniciales en el escudo.

[73] **Connotación:** Significado no directo pero que es fácil asociar con algo.

En 1949, con motivo del aniversario de los cincuenta años del club (sus bodas de oro), el gobierno autoriza la recuperación en el escudo de las cuatro barras de la bandera original, aunque las siglas originales no se recuperan hasta 1974, cuando finalmente se parece más al original de 1910.

Hoy día también el escudo se modifica en países árabes de religión musulmana, como Arabia Saudí y Argelia, donde no se acepta la representación de la cruz y la sustituyen por una sola línea vertical. Parece que el escudo del Barça sigue creando polémica.[74]

[74] **Polémica:** Discusión por opiniones contrarias.

Urruti y Zubizarreta
Los grandes porteros vascos

🔊12

El nombre de **Urruti** es Francisco Javier González Urruticoechea (San Sebastián). Uno de los mejores guardametas[75] de los ochenta. Era ágil, con muy buenos reflejos, salidas del área decisivas y de buen carácter.

[75] **Guardameta:** Portero.

En 1984 consigue el **Trofeo Zamora**, título que otorga el diario *Marca* al portero de Primera División menos goleado, en su caso 26 goles en 33 partidos.

> El Trofeo Zamora lleva el nombre del gran portero Ricardo Zamora, que jugó en el RCD Español, el Real Madrid CF y el FC Barcelona en los años veinte y treinta hasta la guerra civil.

Cifras de	Urruti	Zubizarreta
Temporadas	1981-88	1986-94
Partidos jugados	220	490

Urruti es sustituido por Andoni **Zubizarreta**, «Zubi». Originario de Vitoria, es el mejor portero del fútbol español. Juega en los mejores clubes (Athletic Club de Bilbao, FC Barcelona y Valencia CF). Consigue la Copa de Europa de 1992 con el equipo de Cruyff.

■ Zubizarreta

Es el portero con más partidos jugados en Primera División (¡unos 600 partidos!). Además, juega 126 partidos con la selección nacional de fútbol de España (¡otro récord!) y participa en cuatro Mundiales de fútbol.

También consigue el **Trofeo Zamora** y es capitán del FC Barcelona varias temporadas.

Zubizarreta se caracteriza por su buena colocación bajo los palos, su seguridad y su gran personalidad. Transmite al equipo una gran tranquilidad y confianza, incluso en partidos difíciles.

49

Los colores del equipo

Desde el primer encuentro del FC Barcelona, en **1899**, el club ya utiliza los característicos **colores azul y grana**, supuestamente los mismos que los del FC Basilea suizo donde Joan Gamper juega en su juventud.

> No sólo los colores del FC Barcelona y del FC Basilea son los mismos, curiosamente también las iniciales de los dos equipos son las mismas: FCB.

Siempre se ha utilizado el término *grana* y no el de *rojo* para hablar del color del equipo, porque es un tono de rojo oscuro muy característico.

El pantalón del equipo en sus orígenes es blanco, luego negro y desde los años veinte azul. Las medias combinan el azul y grana de la camiseta. Ésta es al principio mitad azul y mitad grana y luego a franjas[76] de ambos colores más o menos anchas según la temporada.

[76] Franja: Línea ancha

Debido al uso de estos dos colores, el equipo del Barça también es el equipo **«azulgrana»** (o en catalán «*blaugrana*»), una expresión que utilizan sobre todo los seguidores y periodistas deportivos.

La segunda y tercera equipación[77] cambia de año en año. Últimamente hemos visto a los jugadores con camiseta naranja o amarilla, pantalón azul y medias a juego[78] con las camisetas.

En la enorme tienda FCBotiga Megastore, cerca del Camp Nou, así como en la tienda oficial del FC Barcelona se pueden conseguir, además de las camisetas, diversos productos que envían a todo el mundo: http://shop.fcbarcelona.com

[77] **Equipación:** Conjunto de ropa necesaria para jugar.

[78] **A juego:** Que combina con otra cosa.

■ Segunda equipación 2009/10.

El himno

Desde 1923, fecha del primer himno, el FC Barcelona ha tenido diversos himnos: el de 1949, presentado en el cincuentenario del club, el de 1957 por la inauguración del Camp Nou, e incluso el de 1998, cuando se celebra el centenario.

Sin embargo, ninguno es tan popular como el de **1974**, himno oficial del club. Se presenta en el 75 aniversario del club y es el que se escucha y canta en el campo antes de todos los partidos. A continuación tienes la letra completa en catalán y en español y también lo puedes escuchar en la web oficial del FC Barcelona:

http://www.fcbarcelona.cat/web/castellano/club/historia/simbols/himne.html

Himno oficial del FC Barcelona desde 1974

Cant del Barça

Tot el camp
és un clam
som la gent blaugrana
tant se val d'on venim
si del sud o del nord
ara estem d'acord,
ara estem d'acord,
una bandera ens agermana.

Blaugrana al vent
un crit valent
tenim un nom el sap tothom:
Barça!, Barça!, Baaarça!

Jugadors, seguidors,
tots units fem força.
Son molt anys plens d'afanys,
son molts gols que hem cridat
i s'ha demostrat, i s'ha demostrat,
que mai ningú no ens podrà torcer.

Blau-grana al vent
un crit valent
tenim un nom el sap tothom:
Barça!, Barça!, Baaarça!

Lletra: Josep M. Espinàs
i Jaume Picas
Musica: Manuel Valls

Canto del Barça

Todo el campo,
es un clamor,
somos la gente azulgrana,
no importa de dónde venimos,
si del sur o del norte,
ahora estamos de acuerdo,
ahora estamos de acuerdo,
una bandera nos hermana.

Azulgrana al viento,
un grito valiente,
tenemos un nombre, lo sabe todo el
mundo:
Barça!, Barça!, Baaarça!

Jugadores, aficionados,
todos unidos hacemos fuerza.
Son muchos años llenos de sacrificio,
son muchos los goles que hemos
gritado,
y se ha demostrado y se ha demostrado,
que nunca nadie nos podrá doblegar.

Azulgrana al viento,
un grito valiente,
tenemos un nombre, lo sabe todo
el mundo:
Barça!, Barça!, Baaarça!

Letra: Josep M. Espinàs
y Jaume Picas
Música: Manuel Valls

■ Primera piedra del
Camp Nou (28/03/1954).

El estadio

Ver un partido en el **Camp Nou** es algo que impresiona,
no sólo por el espectáculo deportivo sino porque es una
auténtica fiesta de cerca de 100 000 personas. Su estructura
y diseño lo convierten en uno de los estadios más visita-
dos y admirados del mundo.

El 28 de marzo de 1954 se coloca la primera piedra del Camp Nou y hacen falta años y mucha inversión económica para su realización. El estadio está situado en el barrio de Les Corts, como el estadio anterior.

> El club piensa ponerle al campo el nombre de Joan Gamper pero el régimen franquista se opone. Pasa a llamarse «Estadio del FC Barcelona», pero el nombre popular «Camp Nou» al final se utiliza más que el anterior y en 2002 pasa a ser el nombre oficial del campo.

■ Placa informativa de la inauguración del Camp Nou (24/09/1957).

El Camp Nou finalmente se inaugura el 24 de septiembre de 1957, día festivo por ser la celebración de la patrona de la ciudad de Barcelona: la Mercè.

■ Afición barcelonista.

Su capacidad inicial es de cerca de 90000 personas. En 1982 se reforma[79] para la final del Mundial de Fútbol y llega a tener 120000 localidades.[80] En 1994, según la normativa de la UEFA en la que todas las localidades deben ser de asiento, se vuelve a reformar y queda tal como lo conocemos ahora en un estadio de cerca de 99000 espectadores.

[79] **Reformar**: Hacer modificaciones o nuevas obras para mejorar una construcción.

[80] **Localidad**: Asiento o lugar para un espectador en un estadio.

■ Placa que informa de la clasificación «5 estrellas» del Camp Nou.

[81] **Capilla**: Lugar reservado al culto religioso católico.

[82] **Vestuario**: Lugar para cambiarse de ropa antes o después de una actividad.

[83] **Palco**: Zona especial reservada para ciertas personas que van a ver un espectáculo.

Entre sus instalaciones, se encuentran las **oficinas centrales** del club y el **Museo del FC Barcelona**. También, en los alrededores, se encuentra el **Mini Estadi**, un estadio de fútbol con 20 000 localidades para los partidos de los equipos de fútbol base del club; **La Masía**, residencia donde viven los deportistas más jóvenes del club; y el **Palau Blaugrana**, un pabellón de 8000 espectadores donde entrenan y juegan los equipos profesionales de baloncesto, balonmano, hockey patines y fútbol sala.

El Camp Nou está considerado en la actualidad uno de los mejores estadios del mundo con la mayor capacidad de espectadores de Europa. Está en el **primer lugar de la clasificación «5 estrellas»** de estadios de la UEFA (*Union of European Football Associations* o *Unión de Asociaciones de Fútbol Europeas*).

Dentro del estadio hay diversas instalaciones: una pequeña capilla,[81] los vestuarios,[82] los palcos,[83] la sala VIP, la sala de prensa, platós de televisión, oficinas de servicios técnicos o el centro de medicina deportiva, entre otros.

■ Capilla, vestuario, sala de prensa y palcos.

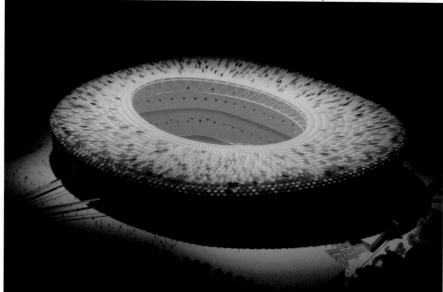

El 24 de septiembre de **2007** se celebran los **cincuenta años del estadio** y para entonces se muestra la maqueta[84] del futuro Camp Nou, que se puede ver en el Museo del FC Barcelona. El estudio de arquitectura de **Norman Foster** es el encargado del proyecto: una especie de mosaico[85] con placas independientes de diferentes colores en la fachada y el techo. Un estadio que cambia de color según la hora del día o de la noche, en especial si hay partido. Un mosaico que se asocia a la obra de Gaudí y de otros arquitectos que tanta fama internacional han dado a Barcelona.

■ Maqueta del futuro estadio.

[84] Maqueta: Reproducción de un edificio o construcción a escala, en tamaño pequeño.

[85] Mosaico: Técnica artística que consiste en pegar piezas pequeñas de distintos colores.

Romário, Ronaldo, Rivaldo y Ronaldinho
El fútbol de Brasil

E l Barça de los últimos años no es el Barça sin los futbolistas estrella brasileños que juegan en diferentes temporadas y que muestran un fútbol característico e inigualable.

Cifras de	Romário	Ronaldo	Rivaldo	Ronaldinho
Temporadas	1993-95	1996-97	1997-2002	2003-08
Partidos jugados	82	51	253	250
Goles marcados	53	48	136	110

86 Rematar: Lanzar el balón a la portería contraria al final de una jugada.

■ Ronaldinho

87 Ovacionar: Demostrar admiración un grupo de personas a alguien mediante aplausos, gritos, etc.

En 1993 llega al club **Romário** de Souza. Un gran goleador y un jugador rápido que sabe desmarcarse y rematar[86] con éxito. En 1994 es nombrado **Mejor Jugador del Mundial** de ese año.

Luego llega **Ronaldo** Luiz Nazario, también magnífico goleador (¡48 goles en 51 partidos!). Jugador de gran resistencia física y velocidad. El balón siempre responde a sus deseos hasta meterse en la portería contraria. Su web es: www.ronaldo.com/es.

El siguiente es Vitor Borba Ferreira, «**Rivaldo**». Con su pierna izquierda tiene un disparo muy potente. Gana el **Balón de Oro** en 1999.

A Rivaldo le sigue Ronaldo de Assís, «**Ronaldinho**» (¡un número 10!). Es uno de los pocos jugadores ovacionados[87] en el Santiago Bernabéu. Consigue el título de **Mejor Jugador del Mundo** de la FIFA en 2004 y 2005 y el **Balón de Oro** en 2005. Consulta www.ronaldinhogaucho.com.

Y terminamos con **Daniel Alves** da Silva. El jugador brasileño del Barça actual.

Fuera del campo
La cantera, las celebraciones, el Museo y la Fundación

La cantera de La Masía

Masía es el nombre de las tradicionales casas de campo en Cataluña y otras zonas del este de España, dedicadas al cultivo o ganado. Generalmente son de piedra y de dos pisos.

Pero para el Barça, «Masía» sólo hay una.

Una vieja masía de 1702, construida en las afueras de la ciudad de Barcelona y en la actualidad cerca del Camp Nou, *La Masía* es la residencia[88] en la que entrenan y estudian jóvenes deportistas, no sólo españoles, también de otros países, para hacer carrera[89] en el FC Barcelona. Suelen formarse en fútbol, pero también en otros deportes como el baloncesto. Por eso, decir «Masía» es sinónimo de formación 100% Barça y de empezar desde pequeño con la ilusión de jugar algún día en el Camp Nou o en el Palau Balaugrana. Numerosos jóvenes formados en La Masía han jugado en el primer equipo del Barça o en otros equipos de la liga española o de ligas extranjeras.

La Masía (catalogada como edificio histórico-artístico) forma parte de la historia del club desde los años cincuenta con diferentes usos, hasta que en **1979** se convierte en residencia para jóvenes deportistas que vienen de fuera de la ciudad a entrenar para el FC Barcelona. ¡Y ha cumplido durante más de treinta años con esta misión!

[88] **Residencia:** Lugar donde viven personas de la misma edad y con la misma ocupación.

[89] **Hacer carrera:** Jugar como profesionales en el club.

La Masía.

Son muchos los jugadores que se han formado en la cantera y han llegado a lo más alto en el Barça: Guillermo Amor, Josep Guardiola, Sergi Barjuan, Iván de la Peña, Carles Puyol, Xavi Hernández, Andrés Iniesta, Víctor Valdés, Gerard Piqué, Lionel Messi, Sergio Busquets, Bojan Krkic o Pedro Rodríguez, entre otros muchos futbolistas que han hecho realidad su sueño.

El FC Barcelona tiene siempre en su equipo jugadores formados en las categorías inferiores del club, el llamado fútbol base, donde los técnicos observan cuáles son los mejores futbolistas.

Para los seguidores del Barça es un gran orgullo contar con esos jugadores en el equipo de primera división. Están formados «en casa» y han dedicado mucho esfuerzo y trabajo al club, algo que los barcelonistas valoran extraordinariamente.

La Masía tiene unos 600 m² en dos plantas, con dormitorios y todas las instalaciones necesarias para vivir y entrenar allí cómodamente. Pero con el tiempo ha quedado pequeña para el número de deportistas que tienen que alojarse. Actualmente se cuenta con una segunda residencia en el Camp Nou, la llamada «La Masía 2». En total se pueden alojar unos 60 residentes (hasta 15 en La Masía y el resto en La Masía 2).

Sin embargo, hoy en día el club apoya una nueva «Masía» en la *Ciudad Deportiva del FC Barcelona Joan Gamper* en la localidad de Sant Joan Despí, cerca de Barcelona, creada en 2006. Como dicen algunos periodistas: *La Masía del siglo XXI*.

La nueva residencia tiene cinco plantas y sirve de alojamiento para 80 jóvenes de la cantera en habitaciones de dos o cuatro camas. Pero también sirve de alojamiento, tipo hotel, de equipos profesionales o selecciones internacionales que quieren entrenar en la Ciudad Deportiva.

Entre sus instalaciones hay cinco campos de césped natural y cuatro de césped artificial, además de un pabellón polideportivo.

En resumen, es una instalación que incluye al primer equipo del Barça y a los chicos de la cantera, de manera que la filosofía del club es una realidad más que nunca.

El partido del siglo y las celebraciones

En la liga española de fútbol, si hay un partido que no se pierde ningún aficionado al fútbol es el del Barça contra el Real Madrid. No importa la temporada o si el partido es de ida o de vuelta o si se trata de una final.

Mucha gente ve el partido en bares con grandes pantallas junto a otros seguidores. Son noventa minutos en los que se ve a poca gente en la calle porque casi todos están en el campo o delante de un televisor.

Eso mismo también ocurre con otros partidos decisivos frente a otros equipos, según la puntuación que hay en

90 Contrincante: Equipo contra el que se compite.

91 Rival: Que compite contra otro.

juego o según la fuerza del contrincante,[90] pero el enfrentamiento con el Real Madrid no es nunca un partido más de la liga. Desde siempre han sido equipos rivales[91] de fuerzas muy igualadas. Además, ese enfrentamiento suele tener unas connotaciones sociopolíticas históricas.

Desde unos días antes de la retransmisión del partido, los periodistas «calientan» el ambiente en la prensa, anunciando «¡El partido del siglo!». Los aficionados de cada club empiezan a hablar de la victoria que van a conseguir y de dónde y con quién van a quedar para ver el partido. Nadie quiere perderse «el partido del siglo» o «el gran clásico» para poder hablar en los días siguientes de cada detalle: goles, penaltis, faltas, entradas, lesiones…

■ Valdés, portero del equipo actual, salido de la cantera.

El punto de encuentro de los jóvenes seguidores barcelonistas cuando el equipo vence al Real Madrid o cuando vence en una final es la fuente de Canaletas (*la font de Canaletes*), que está donde empiezan las famosísimas Ramblas de la ciudad.

Parece que la tradición de los culés de reunirse ahí es la siguiente: en los años treinta, los seguidores iban a ese punto de la Ramblas porque estaba la redacción de un periódico deportivo, *La Rambla dels Esports*. El periódico colgaba en una pizarra en la calle el resultado de los partidos y si eran a favor del Barça, se celebraba la victoria allí mismo.

> El directivo del semanario *La Rambla* era Josep Sunyol, por entonces presidente de la Federación Catalana de Fútbol y posterior directivo del FC Barcelona en 1935-36.

■ Canaletas

[92] Improvisado: Que no está preparado.

La gente que queda en Canaletas llena las Ramblas y parte de la Plaza Cataluña. Los seguidores cantan canciones improvisadas[92] y a veces encienden fuegos artificiales. Pueden verse muchas banderas azulgrana y de Cataluña y uno se contagia de la emoción y alegría de los seguidores, que pueden llegar a los 40 000, como en la celebración de la liga 2008-09.

Al día siguiente del partido del siglo, las portadas de casi todos los periódicos publican el resultado en primera plana.[93] Sólo queda esperar hasta el siguiente partido del siglo...

[93] Primera plana: Portada de un periódico o revista.

> Hay periódicos deportivos más simpatizantes con el Barça, como *Sport* o *Mundo Deportivo*, que siempre animan o felicitan a sus jugadores, mientras que otros lo son del Real Madrid, como *Marca* y *As*, que hacen lo mismo con los suyos.

Los jugadores del FC Barcelona celebran sus trofeos con un *tour* en autobús por las principales calles de la ciudad donde pueden saludar a sus seguidores. En ocasiones lo hacen en una gran fiesta en el Camp Nou, como cuando se consigue el triplete histórico en la temporada 2008-09.

■ Celebración de la Copa de Europa 2009 en París.

Casi todos los equipos de diferentes secciones deportivas del FC Barcelona pasan por la Plaza Sant Jaume, donde a un lado se encuentra el Ayuntamiento de Barcelona y al otro el Gobierno de la Generalitat de Catalunya. Desde el balcón, los jugadores muestran la copa obtenida a los aficionados que llenan la plaza y les agradecen su apoyo.

En algunas ocasiones, una u otra de las secciones deportivas ha seguido alguna práctica religiosa, como ofrecer simbólicamente su título a la Virgen de Montserrat, patrona de Cataluña, o a la Virgen de la Mercè, patrona de Barcelona.

El Museo y la Fundación del FC Barcelona

En **1984**, otro 24 de septiembre (como en 1957 cuando el club inaugura su Camp Nou), el presidente Josep Lluís Núñez inaugura el **Museo del FC Barcelona**.

Actualmente ocupa unos 3500 m², después de tres ampliaciones, para conseguir un museo donde pueda caber la historia centenaria del FC Barcelona y no defraudar al más de un millón de visitantes al año.

> El Museo del FC Barcelona tiene más visitantes que los otros dos museos más visitados de Cataluña: el Museo Picasso de Barcelona y el Museo Dalí de Figueres, Girona.

El museo se divide en:

- la parte histórica, con los trofeos y diverso material de los más de cien años de vida del club y de sus jugadores de fútbol y otras secciones deportivas.

- obras de arte de artistas catalanes, como Salvador Dalí, Joan Miró o Antoni Tàpies.

- la exposición temporal del momento, relacionada siempre con algún elemento o personaje del club.

> Algunos jugadores del Barça ceden al Museo objetos personales relacionados con su profesión (como botas, balones, camisetas), con los que se enriquece y aumenta el fondo del museo.

Por último, también se ofrece el *Tour Camp Nou*, que combina la visita al museo con un paseo por distintos espacios del estadio: poder ver los vestuarios, los banquillos, el palco presidencial o incluso pisar el césped donde juegan los ídolos del Barça.

Sin duda, el Museo del FC Barcelona le da una proyección social y cultural al club, como en el mismo sentido se hace desde la Fundación.

La Fundación del FC Barcelona, desde **1994**, se dedica a acciones solidarias, culturales y de formación deportiva y educativa a través del deporte. Entre sus objetivos están: la defensa de la infancia, de los valores del deporte, de la integración social, de la cultura, de las libertades, de la democracia, además de la formación académica de jóvenes jugadores y del apoyo a jugadores veteranos[94] del club.

[94] **Veterano:** Que ha participado en una actividad, especialmente deportiva o militar.

La Fundación cuenta con personas y asociaciones colaboradoras que le dan apoyo económico. Por otro lado, el 0,7% de los ingresos del club se destinan a la Fundación y sus proyectos.

No sólo tiene importantísimos proyectos propios en numerosos países, también, desde 2006, tienen firmado un compromiso con **UNICEF** (*United Nations International Children's Emergency Fund* o en español, Fondo Internacional de Emergencia de las Naciones Unidas para la Infancia) por el que da cada año 1,5 millones de euros para la lucha contra diversos problemas que afectan a la infancia en todo el mundo.

■ Más que una camiseta.

Además, el club lleva el logotipo de esta asociación de forma gratuita en las camisetas del equipo (algo que no es usual en el fútbol profesional), así todos los aficionados y espectadores del mundo entero ven la necesidad de colaborar en los proyectos de esta organización humanitaria.

Las camisetas del equipo llevan además el logotipo de Nike y de TV3, canal de televisión de Cataluña, por los que el club sí recibe compensación económica.

La Fundación también tiene acuerdos con la **UNESCO** (*United Nations Educational, Scientific and Cultural Organi-*

zation o en español, Organización de las Naciones Unidas para la Educación, la Ciencia y la Cultura) a favor de la educación y el deporte para el desarrollo y bienestar de los jóvenes de todo el mundo y con **UNHCR/ACNUR** (UNHCR *United Nations High Commissioner for Refugees* o, en español, ACNUR Alto Comisionado de las Naciones Unidas para los Refugiados) en lugares con refugiados o desplazados con el mismo fin.

Para informarte más en profundidad de todos los proyectos que lleva a cabo el club a través de su Fundación, consulta su página web: http://www.fcbarcelona.cat/web/Fundacio/castellano.

Xavi y Messi
La cantera

◄15

La cantera es el orgullo del FC Barcelona y de sus seguidores por los jugadores que forman parte del primer equipo. Centrocampistas, defensas, porteros, delanteros, muchos con contratos hasta el 2015. Jóvenes futbolistas que a veces también juegan con la selección nacional española o la de su país.

Xavier Hernández Creus, **Xavi**, entra en La Masía con 11 años. Más de 400 partidos jugados con su equipo. Es un centrocampista excelente. Buen defensa que sabe recuperar el balón para su equipo en jugadas peligrosas y nadie puede robárselo[95] fácilmente. Xavi tiene un disparo potente y gran precisión en los pases a sus compañeros. Con la selección nacional española juega en dos Mundiales (2002 y 2006) y en dos Eurocopas (2004 y 2008).

[95] **Robar:** Quitar el balón a un jugador cuando lo tiene en su poder.

Xavi organiza y dirige el juego del equipo en cada partido de forma brillante. Participa en las dos Copas de Europa que el FC Barcelona gana en 2006 y 2009. En 2009 es elegido **Mejor Mediocampista del Año** de la UEFA y **Tercer Jugador del Mundo de la FIFA 2009** y consigue el **Balón de Bronce**. Consulta su web: www.xavihernandez.com.

Desde que pasan Cruyff y Maradona por el Barça, parece que falta una figura de relevancia internacional y un auténtico dueño del balón. Hasta que llega Lionel o Leo **Messi**. La estrella del Barça actual. Otro superdotado.[96]

[96] **Superdotado:** Que tiene cualidades muy superiores a lo normal.

De origen argentino, llega al River Plate con 13 años. Pero el equipo argentino no cuenta con él por una enfermedad que retrasa su crecimiento y que necesita un tratamiento largo y caro. Su familia viene a España y cuando el FC Barcelona lo ve jugar, le paga el tratamiento y lo incluye en su fútbol base.

A Messi también le llaman «la pulga», por ser bajito y por la forma de jugar que tiene: ¡cuando se lanza a correr con el balón en sus pies nadie puede cogerlo! Tiene una técnica, una velocidad y un regate inigualables. Y cuando tira a portería no suele fallar.

Es uno de los mejores del mundo, el heredero del fútbol de Maradona. En el 2009 ha conseguido grandes premios. Es el **Mejor Jugador del Mundo de la FIFA 2009** (en 2007 y 2008 queda segundo de la lista), **Mejor Jugador de la final del Mundial de Clubes 2009** y **Mejor Jugador del Año de la UEFA 2009**. Tiene el **Balón de Oro de 2009** (mejor futbolista del año) y sólo le falta la Bota de Oro senior (tiene la **Bota de Bronce** de 2007 y la **Bota de Plata** de 2008, por mejor goleador de liga europea). Como jugador juvenil tiene la **Bota de Oro** y el **Balón de Oro** de 2005.

Como delantero derecho, empieza a jugar en el primer equipo con sólo 16 años. Es un jugador único y sin embargo es un jugador de equipo, como todos los demás hombres de la cantera. Un auténtico maestro[97] de los valores del deporte y del fútbol y el mejor ejemplo que pueden tener todos los niños que quieren ser como él.

El 3 de agosto de 2008 el club le da el número 10, el número de muchos grandes jugadores que han pasado por el Barça: Ronaldinho, Maradona, Romário, Rivaldo o Luis Suárez entre otros.

¿Quieres ver su web? Entra en www.leomessi.com.

Xavi y Messi son dos jugadores excepcionales de La Masía, pero la **cantera** tiene mucho más que ofrecer: Puyol, Valdés, Iniesta, Jeffren, Bojan, Sergio Busquets, Pedro y los que vienen detrás… ¡Una gran alineación[98] de canteranos! Veamos los tres primeros de la lista que llevan más tiempo en el equipo.

[97] **Maestro:** Profesor, persona que enseña o forma, especialmente enseñanzas muy valiosas.

[98] **Alineación:** Conjunto de jugadores que forman parte de un equipo y que juegan en un partido.

■ Leo Messi.

Carles **Puyol**: defensa central de gran fuerza física desde 1999 y capitán del equipo desde 2004. Es un defensa extraordinario que evita más de un gol a su equipo y una referencia[99] en el mundo del Barça. Es interesante su web: www.carles5puyol.com.

Víctor **Valdés**: portero titular en la mayoría de los partidos desde 2003, con una gran capacidad de mando.[100] Sus paradas en la final de la Copa de Europa de París 2006 son espectaculares y decisivas. Tiene dos **Trofeos Zamora** (2005 y 2009).

Andrés **Iniesta**: Entra en el fútbol base con 12 años y empieza a jugar a partir de 2005-2006 como centrocampista. Tiene un regate excepcional y puede jugar en varias posiciones del centro del campo y en los extremos. Toma nota de su web: www.andresiniesta.es.

[99] **Referencia:** Persona que sirve de modelo.

[100] **Mando:** Dirección, capacidad de hacer que los demás obedezcan.

Palmarés

Trofeos más relevantes conseguidos
por el FC Barcelona hasta 2009

Copa de Europa ⊃ 3

También es conocida por Liga de Campeones de la UEFA
o *UEFA Champions League* («la Champions»). Es el torneo
europeo anual más importante. Creado en 1955, actualmente enfrenta a los campeones de liga de los países que
pertenecen a la UEFA; campeones de las ligas europeas
más fuertes, subcampeones e incluso los terceros de las
ligas más importantes, así como algunos equipos que no
consiguen entrar de forma directa. El FC Barcelona vence
al Manchester United en la final de 2009 y consigue su tercer título en este campeonato. Sus tres copas son de 1992,
2006 y 2009. El club con más títulos, nueve en total, es el
Real Madrid CF.

Recopa de Europa ⊃ 4

Se juega desde 1960 hasta 1999, cuando la UEFA quiere dar
más protagonismo a la Copa de Europa. El club con más
títulos de Recopa es el FC Barcelona, con cuatro, aunque el
trofeo, que va pasando de campeón a campeón cada año,
finalmente queda en manos del SS Lazio, ganador de la
última competición que se celebra.

Copa de Ferias ⊃ 3

Este torneo se empieza a celebrar en 1955, en el que participan ciudades europeas con ferias internacionales y su última edición es en 1971. Se considera que es la precursora de la **Copa de la UEFA** (*UEFA Europa League* o también Euroliga). Aunque el Barcelona obtiene tres Copas de Feria, no tiene en su palmarés ninguna Copa de la UEFA propiamente dicha. El trofeo lo consigue y conserva el FC Barcelona al vencer al Leeds United en su última edición.

Supercopa de Europa ⊃ 3

Se empieza a celebrar en 1973. Actualmente enfrenta al campeón de la Copa de Europa (o *Champions League*) con el de la Copa de la UEFA. Los equipos que más veces han llegado a la final son el AC Milan italiano y el FC de Barcelona, aunque el primero tiene además el record de victorias con cinco en total.

Campeonato de Liga ⊃ 19

La Liga española de fútbol profesional es la principal competición entre equipos españoles. Se celebra desde 1928-29 y la temporada va de septiembre a junio. El torneo tiene varias divisiones y al final de la temporada los equipos pueden subir o bajar de división, aunque el FC Barcelona siempre ha jugado en Primera, donde participan 20 equipos de toda España.

El FC Barcelona ha ganado la liga en las siguientes temporadas: 1928-29/ 1944-45/ 1947-48/ 1948-49/ 1951-52/ 1952-53/ 1958-59/ 1959-60/ 1973-74/ 1984-85/ 1990-91/ 1991-92/ 1992-93/ 1993-94/ 1997-98/ 1998-99/ 2004-05/ 2005-06/ 2008-09.

Campeonato de España ⊃ 25

También conocido hoy día como la **Copa del Rey** es un torneo entre los clubes de España de Primera, Segunda, Segunda B y campeones de Tercera División. En 1902 se celebra con motivo de la coronación de Alfonso XIII y desde entonces no ha dejado de celebrarse. El campeón puede entrar a disputar la Copa de la UEFA, además de la Supercopa de España en la que se enfrenta al campeón de la Liga. El equipo que más veces ha ganado este campeonato es el FC Barcelona quien en el 2009 consigue su copa número 25.

Supercopa de España ⊃ 8

Competición que desde 1982 enfrenta al campeón de la Liga española de Primera División contra el del Campeonato de España o Copa del Rey. Se celebra a finales de agosto y supone el inicio de la temporada. El FC Barcelona y el Real Madrid CF son los equipos que más veces han conseguido el título, en ocho ocasiones cada uno.

Copa de la Liga ⊃ 2

Se celebra anualmente desde 1982 hasta 1986 entre equipos españoles de cada división. Es un torneo que impulsa el presidente del FC Barcelona, Josep Lluís Núñez, y que deja de celebrarse debido a los numerosos partidos que tienen entonces los clubes.

Campeonato de Cataluña ⊃ 23

Una de las competiciones más antiguas de Europa y de España, creada en 1900, en la que participan equipos catalanes de fútbol. Deja de celebrarse en 1940 por prohibición del régimen franquista.

Copa Cataluña ⊃ 6

Desde 1989 es la continuidad del Campeonato de Cataluña en la que participan todos los clubes catalanes. Los dos más fuertes, el FC Barcelona y el RCD Español sólo entran en juego en las semifinales.

Copa Latina ⊃ 2

Celebrada entre 1949 y 1957 enfrenta a los campeones de las ligas de España, Francia, Portugal e Italia. Es una competición muy importante hasta que se crea la Copa de Europa en 1955 y deja de celebrarse. Sólo dos equipos españoles tienen dos copas cada uno, el Real Madrid CF y el FC Barcelona.

Copa Mundial de Clubes ⊃ 1

Sustituye a la antigua Copa Intercontinental. Se celebra desde el año 2000. Participan un equipo de cada confederación de la FIFA (seis en total de cada continente) además del campeón del país organizador. El FC Barcelona llega a la final en 2006 pero pierde ante los brasileños. Sin embargo, en 2009 vence a los argentinos del Estudiantes por un 1-2.

Repasemos...

1 Busca en el vocabulario glosado del libro aquellas palabras que pertenecen exclusivamente al mundo del fútbol y clasifícalas. ¡Tienes que escribir al menos cinco de cada!

jugadores	juego	estadio o campo
	regate	

2 Relaciona las fechas con los acontecimientos de la historia del FC Barcelona. Si tienes alguna duda puedes consultar la información en el libro.

a) 1899	1 Inauguración del Camp Nou
b) 1922	2 Primer Trofeo Joan Gamper
c) 1949	3 Primera Copa de Europa con el *Dream Team*
d) 1952	4 Inauguración del Estadio de Les Corts
e) 1957	5 Primer año de dirección de Joan Laporta
f) 1966	6 Creación de la Fundación del FC Barcelona
g) 1973	7 Celebración 50 años del club y Trofeo Copa Latina
h) 1978	8 Ampliación del Camp Nou por el Mundial de Fútbol y fichaje de Maradona
i) 1982	9 Año del Triplete, Supercopa de España y de Europa
j) 1992	10 Fichaje de Johan Cruyff
k) 1994	11 Creación del FC Barcelona
l) 2003	12 Primer año de dirección de Josep Lluís Núñez

m) 2006	13 Año de las Cinco Copas conseguidas por el equipo
n) 2009	14 Segunda Copa de Europa y acuerdo de colaboración con Unicef

3 Elige a un jugador del FC Barcelona y completa:

a) Posición de juego:

b) Temporadas en el club:

c) Características de juego:

d) Títulos o premios:

e) Otros datos relevantes:

f) Por qué es importante para el club:

g) Por qué es importante para ti:

4 Describe el escudo del Barça con tus propias palabras.

5 Responde a las preguntas. Luego, comprueba tus respuestas con la información que hay en el libro en la página que se indica.

a) ¿Con qué expresión se anima al equipo? (pág. 41)

b) ¿De qué año es el actual himno del Barça? (pág. 51)

c) ¿De qué otra forma se llama al equipo del Barça? (pág. 50)

d) ¿Cómo se llaman los dos porteros vascos que han jugado en el club? (pág. 49)

e) Nombra a tres jugadores del FC Barcelona que han llevado el número 10 en su camiseta. (pág. 68)

6 Repite el test del inicio del libro y compara las respuestas de ahora con las de antes.

Soluciones

Solución 1:

jugadores: goleador, conjunto, plantilla, cantera, titular, guardameta, canterano, veterano, alineación, contrincante, rival, azulgrana, blanco, traspaso, equipación, colgar las botas.

juego: golear, empatar, disparo a puerta, entrada, desmarcarse, chutar, expulsar, regate, pase, rematar, agresión, lesión, sanción, triunfo, derrota, competir.

estadio o campo: césped, palo, encuentro, localidad, vestuario, palco, abucheo, ovacionar.

Solución 2:

a) ▸ 11; b) ▸ 4; c) ▸ 7; d) ▸ 13; e) ▸ 1; f) ▸ 2; g) ▸ 10; h) ▸ 12; i) ▸ 8; j) ▸ 3; k) ▸ 6; l) ▸ 5; m) ▸ 14; n) ▸ 9.

a) 1899	11 Creación del FC Barcelona
b) 1922	4 Inauguración del Estadio de Les Corts
c) 1949	7 Celebración 50 años del club y Trofeo Copa Latina
d) 1952	13 Año de las Cinco Copas conseguidas por el equipo
e) 1957	1 Inauguración del Camp Nou
f) 1966	2 Primer Trofeo Joan Gamper
g) 1973	10 Fichaje de Johan Cruyff
h) 1978	12 Primer año de dirección de Josep Lluís Núñez
i) 1982	8 Ampliación del Camp Nou por el Mundial de Fútbol y fichaje de Maradona
j) 1992	3 Primera Copa de Europa con el Dream Team
k) 1994	6 Creación de la Fundación del FC Barcelona
l) 2003	5 Primer año de dirección de Joan Laporta
m) 2006	14 Segunda Copa de Europa y acuerdo de colaboración con Unicef
n) 2009	9 Año del Triplete, Supercopa de España y de Europa

Solución 3: Respuesta libre.

Solución 4: Respuesta libre. Ver páginas 47 y 48.

Solución 5:

a) ▸ Visca el Barça!; b) ▸ 1974; c) ▸ Azulgrana o blaugrana; d) ▸ Urruti y Zubizarreta; e) ▸ Luis Suárez, Maradona, Romário, Rivaldo, Ronaldinho.